JN419041

날마다 마음에
꽃 한 송이를 전합니다

정목스님의 아침 편지

365 일력

정 목 글
강미선 그림

김영사

정 목 글

포근하고 따뜻한 음성으로 누구든 마음 넉넉히 품어주고 지친 우리를 다독이는 스님. 아프고 소외된 사람들 곁을 지키며 나무처럼 버팀목이 되어주는 스님. 서울 성북구에 자리한 정각사 주지이며 〈정목 스님의 유나방송〉 유튜브 채널을 운영 중이다. 1997년부터 서울대학교병원과 함께 아픈 어린이 돕기 운동 '작은사랑'을 펼치고 있다. 국내 최초 비구니 DJ로서 BBS 라디오, BTN, 유나방송 등을 통해 사람들을 치유하며 용기를 전해왔다. 지은 책으로는 《사랑은 사랑으로 돌아옵니다》《달팽이가 느려도 늦지 않다》《꽃도 꽃피우기 위해 애를 쓴다》《비울수록 가득하네》 등이 있다.

정목스님의 아침 편지 365 일력

1판 1쇄 인쇄 2024년 10월 15일 **1판 1쇄 발행** 2024년 11월 1일

2판 1쇄 인쇄 2025년 11월 1일 **2판 1쇄 발행** 2025년 12월 1일

지은이 정목 **그림** 강미선

펴낸이 박강휘 **편집** 임지숙, 이한경 **디자인** 지은혜 **마케팅** 김새로미 **홍보** 강원모 **발행처** 김영사

등록 1979년 5월 17일(제406-2003-036호) **주소** 경기도 파주시 문발로 197(문발동) 우편번호 10881

마케팅부 전화 031)955-3100 **편집부 전화** 031)955-3200 **팩스** 031)955-3111

저작권자 ⓒ 정목, 2024, 2025

ISBN 979-11-7332-375-1 00810

홈페이지 www.gimmyoung.com **블로그** blog.naver.com/gybook

인스타그램 instagram.com/gimmyoung **이메일** bestbook@gimmyoung.com

강미선 그림

오랜 시간 한지의 물성과 먹의 본질에 대해 탐구해온 작가. 여러 겹의 한지를 쌓고 표면을 두드려 독자적인 질감을 형성한 뒤, 그 위에 일상의 풍경과 사물을 담담한 먹빛으로 그려낸다. 이를 통해 모두가 공감할 수 있는 따뜻하고 절제된 정서를 전달한다.

2023년부터 '수묵명상 – 묵명'을 진행하고 있으며, 특히 수제 한지에 《금강경》 전문을 담은 〈지혜의 숲〉으로 큰 울림을 주고 있다. 홍익대 및 동 대학원에서 동양화를 전공하고, 중국 남경예술대학교에서 미술사학 박사학위를 받았다. 〈생각의 방〉〈마음정원〉〈水墨, 쓰고 그리다〉 등 35회 이상 개인전을 열었으며, 제20회 중앙미술대전 대상을 수상했다.

12월 31일

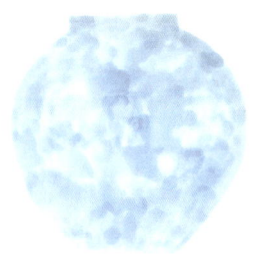

느린 것보다 빠른 것을 좋아하는 세상입니다.

그러나 우주의 시계에서

달팽이는 느려도 결코 늦지 않습니다.

1월

12월 30일

용서는 우리 삶에
새로운 에너지를 선물합니다.

1월 1일

처음 시작하는 마음은 비록 작은 솔씨 같지만,
꾸준히 정진하다 보면
거대한 낙락장송으로 자라납니다.

12월 29일

고요함은 아무 일도 일어나지 않는 상태가 아니라
마음에 폭풍이 일건
두려움이나 걱정이 들건
마음에 동요를 일으키지 않는 것입니다.

1월 2일

오늘이 전부입니다.
미래나 과거로 달려가지 말고,
지금 이 순간 마음을 다해 살아가면
모든 것이 완전해집니다.

12월 28일

근심, 걱정은 미래와 손을 잡고 있고,
슬픔이나 후회, 죄책감과 미련은
과거와 손을 잡고 있습니다.
여러분은 무엇과 손을 잡고 계시는지요?

1월 3일

한마디 말이 꽃향기가 되고
한마디 말이 따뜻한 밥 한 그릇이 되고
한마디 말이 지친 사람에게 의자가 되며
한마디 말이 상처 입은 이에게 신비한 약이 되고
내가 하는 말 한마디가
어둠을 밝히는 등불 되게 하소서.

12월 27일

삶은 정해진 바가 아무것도 없으며
미래는 무한한 가능성으로 열려 있습니다.
그것이 바로 축복입니다.

1월 4일

인간관계의 행복은 누구를 만나느냐보다

상대방을 어떤 눈으로

바라보느냐에 달려 있습니다.

12월 26일

과거에 어떤 길을 걸어왔든
그 길은 내가 걸어야만 했던 길이며
이미 나는 그 길을 지나왔습니다.
인생에서 삭제하고 싶은 순간도
지금의 나를 있게 해준
보물 같은 시간입니다.

1월 5일

사실과 다른 말 안 하기,
비수 찌르는 말 안 하기,
상대를 해치는 나쁜 소문 안 내기,
도움되지 않는 쓸데없는 말 안 하기,
이것만으로도 하루는 행복으로 채워집니다.

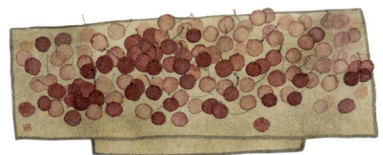

12월 25일

"몸과 마음 치료 잘 받고 겸손한 마음으로
수도자답게 잘 살겠습니다.
이번 성탄에 산타로 오신 스님 위해서
주님께 기도합니다."

치료비 후원을 받은 수녀님의 편지

1월 6일

"당신이 하는 일이 모두 잘되기를 바랍니다."
이렇게 자주 축복을 담아 기도하면
욕심은 비워지고 마음 창고에 복이 쌓여갑니다.

12월 24일

마음의 어두운 구석으로
사랑이 모습을 감추면
비난과 분별이 금방 그 자리를 차지합니다.

1월 7일

행복은 가까운 어딘가에 숨어 있다가
타인을 배려하는 마음이 일어나는 순간
바로 모습을 드러냅니다.

12월 23일

지금 슬픔에 빠져 있다면
잠시 멈춰보십시오.
그 슬픔이 어디서 오는지,
슬픔을 만드는 자가 누구인지
지켜보기만 해도
그 슬픔에서
빠져나오게 될 것입니다.

1월 8일

씨앗이라 해서 모두 열매 맺는 것이 아니듯

자비와 사랑의 씨앗도

계속 성장하고 진화하도록 가꾸어야 합니다.

12월 22일

마치 사랑하는 사람을 응원하듯
내가 나를 응원할 때,
지금 그대로의 나를 사랑한다고 말할 때
평화로운 기운이 나를 감쌉니다.

1월 9일

앞 강물을 뒤 강물이 밀어주어

강이 앞도 되고 뒤도 되듯이

고통도 고통으로만

그 자리에 머물러 있지 않습니다.

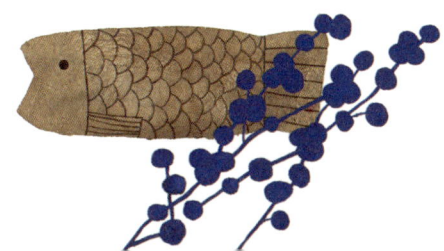

12월 21일

내가 다른 이에게 준 상처와
다른 이가 내게 베푼 선행을 기억한다면
갈등은 눈 녹듯 녹을 것입니다.

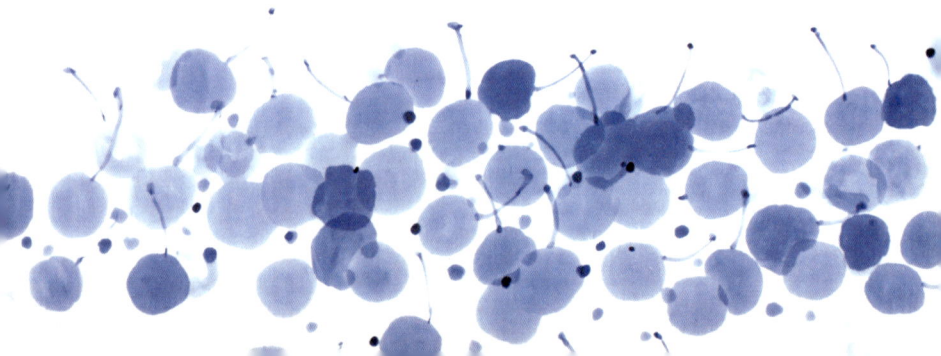

1월 10일

내가 사는 집과 일터를 청소하고 정리해보세요.

마음도, 생각도 따라서 차분해집니다.

12월 20일

집착을 사랑이라 착각하며
내 방식만을 고집했던 그 생각을
차분하게 내려놓는 순간
그 사람도 나도 행복해집니다.

1월 11일

내가 지금 베푼
친절이나 은혜가
오랜 세월이 지난 후
생각지 않은 선물로
나타날 수도 있습니다.

12월 19일

세속의 법은
모르고 지은 죄를 정상참작하지만
우주 법계의 법은
알건 모르건 한 치의 오차도 없이
인과응보가 있습니다.

1월 12일

혹시 사소한 일로 마음 상해서
누군가에게 마음의 벽을 높이 쌓았다면
오늘 먼저 사과해보세요.
먼저 사과하는 사람이
먼저 벽을 무너뜨릴 수 있습니다.

12월 18일

큰 방황은 큰사람을 만드는

재료가 됩니다.

1월 13일

"평화는 나로부터 시작된다."
이 말을 진언처럼 마음속에 외우며
오늘 하루를 시작해보세요.

12월 17일

모든 사람은 실수하게 마련이며
용서받지 못할 그 어떤 실수도
존재하지 않습니다.

1월 14일

생각에도 무게가 있고,
저마다의 중력이 있습니다.
과거를 곱씹고 미래를 근심하기보다
현재의 하루하루를 가볍게
잘 살아가는 것이
행복을 끌어오는 방법입니다.

12월 16일

언제든지 죽음이 닥쳐올 수 있다는 걸
받아들이는 순간
우리는 겸손해질 수 있습니다.
죽음은 우리 인생의 가장 큰 스승이며
가장 큰 공부입니다.

1월 15일

지금 문제라고 생각하는 것들이
사실은 문제가 아닐 수도 있다는 사실을
알아차리기만 해도
우리는 한 걸음 더 앞으로
나아갈 수 있습니다.

12월 15일

자신이 얼마나 고통받으며 살았는지
자신이 과거엔 얼마나 대단했는지
과거에 있었던 불만이나 자랑을
만날 때마다 하고 또 하는 사람은
나이는 들어도 인생의 견해가 달라지지 않으니
성공 또한 과거에 멈추어 있을 뿐입니다.

1월 16일

구름과 바다

그리고

별과 밤하늘에 마음을 맡기니

온 세상이 둥글어집니다.

12월 14일

마음의 지우개를 하나 들고
생각이 올라오면 지우고,
그 생각을 해석하고 싶을 때 또 지우고,
그렇게 지우고 또 지워
마지막 한 생각까지 깨끗이 지워보세요.

1월 17일

생각 하나하나에도 품격이 있습니다.

고상하고 긍정적인 생각일수록

그것이 현실로 이뤄질 확률이 높아집니다.

12월 13일

과거는 돌아갈 수 없고,
미래는 올지 말지 모릅니다.
소원하는 것이 있으면
그것이 이미 당도해 있다고 여기세요.

1월 18일

'수고했다' '고맙다' 하며
나에게 사랑과 감사의 마음을 보내보세요.
덧없는 인생을 살아가느라 수고한
나 자신에게 먼저
사랑과 고마움을 표현해야 합니다.

12월 12일

누가 내 험담을 한다고요?
누가 내게 손해를 끼쳤다고요?
그럴 때가 기회입니다.
감사하는 마음을 연습할 좋은 기회입니다.

1월 19일

덜 가지면 덜 쓰게 되고
덜 쓰면 덜 벌어도 되고
덜 벌면 덜 복잡해지니
단순해지면 아름다움이
보이기 시작합니다.

12월 11일

번영 속에서 너그럽고
역경 속에서 감사하기를,
판단이 공평무사하고
말이 신중하기를,
어둠 속을 걷는 이에게
멀리서 반짝이는 등불 되기를
기도합니다.

1월 20일

있는 그대로 받아들인다는 말은
내 의견을 대상에 덧붙이지 않고
그대로 받아들인다는 말입니다.

12월 10일

10년 전의 내가
지금의 내가 아닌 것처럼
상대도 어제의 그 사람이 아닙니다.
누군가를 용서한다는 건
변화하는 세상의 이치를 아는 것입니다.

1월 21일

우리는 풍요로운 우주에 살고 있습니다.

마음의 우주에 무엇도 부족할 것이 없음을 알면

결핍으로 목말라하지 않을 것입니다.

우리는 마음 부자입니다.

12월 9일

마음은 스스로 되고자 하는 바를 이미 알고 있습니다.
바로 보지 않기 때문에 못 볼 뿐 우리의 마음은
자신이 원하는 바를 벌써 알고 있습니다.

1월 22일

풀 한 포기,

나무 한 그루,

꽃 한 송이에도

사랑의 마음을 전해보세요.

12월 8일

무심의 본성은 텅 비어 있어
아무것도 걸릴 것이 없으니
허공이 이와 같습니다.

1월 23일

너와 내가 분리되어 있다는 착각 때문에
우리는 욕망하고 저항합니다.
그 둘을 내려놓으면 남는 것은 평화와 자비입니다.

12월 7일

삶에서 원하지 않는 일이 반복해서 일어나면
무엇인가 배우지 못한 것이 남아 있기 때문입니다.
그렇게 일어나는 갈등은
우주가 우리에게 뭔가를 배우라고 보내는 신호입니다.

1월 24일

물고기는 물속에 있으면서 물을 모릅니다.
앵무새처럼 경전을 암송만 한다면
경전 속에 있으면서 경전을 모릅니다.
진리는 책 속에 있는 것이 아니라 삶 속에 있습니다.

12월 6일

부정적인 감정을
정거장이라고 생각해보세요.
쓸데없이 정거장에 오래 머물지 말고
얼른 다음 여행지로 떠나세요.

1월 25일

행복해지려면 무엇보다
타인의 말을 귀담아듣는 자세가 중요합니다.
오늘 하루 내 가족의 말에 귀 기울여보세요.

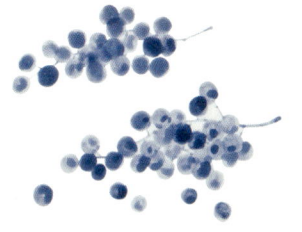

12월 5일

작은 선행의 기회를
놓치지 말고 실천하면
선업을 쌓을 수 있습니다.
바로 성공의 비결이지요.

1월 26일

지금 당신의 마음 평수는 얼마나 되나요?
넓은 땅을 가지기 위해 애쓰기보다
마음 평수 넓히는 일에 관심을 가져보세요.

12월 4일

우리에게
고통을 일으키는 것은
생각이 아니라
생각에 대한
집착입니다.

1월 27일

“사람만이 신에게
온갖 고통에서 벗어나게 해달라고 기도합니다.
동물이나 새, 미물은 아플 땐 그냥 아파합니다.
신은 아픔을 성가시게 생각하지 않는
고요함에 있습니다.”

12월 3일

이미 돌이킬 수 없는 상황이라면
받아들이는 것도
용기입니다.

1월 28일

사랑에도 간격이 필요합니다.
사랑의 간격을 만들기 위해서는
가끔 침묵의 웅덩이를 파야 합니다.

12월 2일

새로운 도전을 앞두고 있거나
삶의 변화를 시도하고 싶다면
감사를 전해보세요.
감사의 에너지는 나와 남을 모두 행복하게 합니다.

1월 29일

있는 모습 그대로 아름답습니다.
있는 그대로 당신은 훌륭합니다.
당신이 아름답다는 그 사실을 받아들이기만 하면
당신은 이미 아름다운 사람입니다.

12월 1일

인생은 짧습니다.
이 짧은 인생을 소모하지 마세요.
인생에서 하고 싶은 일이 무엇인지
찾아내는 것이
가장 소중한 일입니다.

1월 30일

사소한 것이라도 자신의 좋은 점 하나를 떠올려보고
오늘 하루 나를 아낌없이 칭찬해주세요.

12월

1월 31일

뭔가를 소유하는 것만으로 행복해지진 않습니다.

소유한 것을 아낌없이 나눌 때

마음은 행복에 더욱 가까워집니다.

11월 30일

과거는
내 생각 속에서 일어나는 현실입니다.
생각 바깥으로 나가면
그것은 이미 사라진
물거품일 뿐입니다.

2월

11월 29일

진리는 결코 빼앗을 수 없으며
누군가의 전유물도 아닙니다.
진리는 언제나 그것을 발견하는 사람의 몫입니다.

2월 1일

기도는
우주와 하나 되는
순간을
경험하는 것입니다.

11월 28일

너무 잘하려고 애쓰지도 말고
못한다고 다그치지도 말며
스스로의 모습 그대로를 받아들여보세요.

2월 2일

인생의 문제를 해결할 답이
이미 다 결정되어 있다면
우리가 지금의 삶을 경험할 이유가 없습니다.
자신만의 답을 찾을 때까지
인생은 언제나 열려 있습니다.

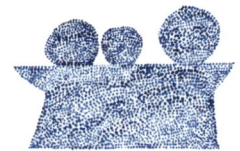

11월 27일

그저 1분간

아무 일도 하지 말고

아무 생각도 하지 말고

숨 쉬는 것에만 주의를 모아보세요.

온종일 이리저리 쓸려 다니던 마음이

고요함과 하나가 될 것입니다.

2월 3일

형체 없는 공기와 부드러운 물이
미세한 틈 속을 스며들 수 있듯
적대감 없는 사랑의 마음은
어디에나 스며들 수 있습니다.

11월 26일

명예니 돈이니 하는 것들은
인생에서 잠시 가지고 놀아보는
장난감이라는 말이 있습니다.
필요할 때 잘 가지고 놀다가
떠날 땐 내려놓을 줄도 알아야 합니다.

2월 4일

내 마음과 마주할 때
자기 안에 있는 현명한 답을 얻을 수 있고
안 풀리던 문제도 풀 수 있는 법입니다.

11월 25일

또다시 상처받을까 봐, 슬픔이 찾아올까 봐,

마음에 일어나는 느낌을

가슴속 냉동실에

꽁꽁 저장해두진 마세요.

상처, 슬픔, 불안, 실망, 고통은

기다리면 언젠가

눈부신 나비로 깨어날 애벌레들입니다.

2월 5일

내가 누구인지 알아야
'나'를 버릴 수도 있고
넘어설 수도 있습니다.

11월 24일

도저히 이해되지 않는 사람을 만나면
그 사람도 나와 같이
인생을 배우고 있다고 생각하세요.
나와 똑같이 그 사람도
슬픔과 외로움을 겪는 중입니다.

2월 6일

고통은 우리를 끌고 가는 수레가 아니라
우리를 일깨우는 신호등 같은 것입니다.
고통의 신호가 켜질 때 달려가지 말고 멈추세요.

11월 23일

마음공부 잘하는 법은 간단하고 쉽습니다.

아무리 작은 일일지라도

은혜에 감사하는 것입니다.

2월 7일

마음에도 안과 밖이 있습니다.
마음 안에 있을 때는
마음을 볼 수 없습니다.
마음의 울타리를 걷어치우고
울타리 밖에서
자신의 마음을 들여다보세요.

11월 22일

오늘 내가 내는 따뜻한 마음 한 조각은
신기루처럼 사라지는 게 아니라
우리 삶의 환경을 따뜻하게 만듭니다.
작은 것이라도 사랑을 나눠보세요.

2월 8일

"누구도 나의 고통을 대신할 이가 없다는 사실은
인간을 한없이 외롭게 하지만
뒤집어 생각하면 이 고통을 헤쳐나갈 사람 역시
나라는 사실이 용기를 줍니다."

11월 21일

우리는 모두 3억 대 1의 경쟁률을 뚫고
사랑으로 태어난 귀한 존재라는 걸 아시나요?
이 험난한 과정을 거쳐 태어난 인생,
정말 한번 제대로 살아봐야 하지 않겠습니까?

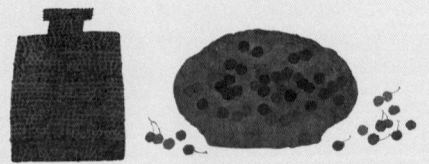

2월 9일

우리의 몸은 마음과 관련이 깊어서
어둡고 우울한 마음만 잠시 환기해줘도
몸이 한결 가벼워집니다.

11월 20일

누구에게나 내면에 빛이 있습니다.
하지만 그 빛은 좋은 생각, 긍정적인 생각과
꾸준히 연결되어야 꺼지지 않습니다.

2월 10일

삶을
'잠시 왔다가 가는 것이지'라고 보면
생각이 유연해집니다.

11월 19일

아슬아슬한 절벽 길을 걸어갈 땐
한눈팔 여유 없이 발끝에만 주의가 쏠리듯
다른 이의 허물이 보이면 눈길을 재빨리 안으로 돌려
헛발 딛지 않도록 스스로를 살펴야 합니다.

2월 11일

타인과 말다툼할 때
내 주장을 다 하지 못했더라도
즉시 하던 말을 멈춰보세요.
고요함은 말 한마디 필요 없이
당신의 모습을
완전하게 드러내줍니다.

11월 18일

어떤 말, 어떤 단어, 어떤 생각으로도
나를 진정으로 표현하거나 묘사할 수는 없습니다.
그 어떤 이름으로도
나를 표현할 수 없다는 사실을 안다는 것,
얼마나 멋진 일인가요.

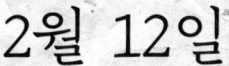

2월 12일

길이 따로 있는 것이 아닙니다.
당신의 발이 닿아 있는 곳이 바로 길입니다.

11월 17일

'어제 일했으니 오늘 쉬고 싶다.'
'아무도 관심 가져주지 않으니 외롭다.'
'매일 같은 일을 반복하니 지겹다.'
태양이 이런 말을 하는 걸
들어본 적 없습니다.

2월 13일

마음이 무엇을 하고 있는가?
무엇을 생각하고 있는가?
무엇을 알아차리고 있는가?
자주 스스로에게 물어보세요.

11월 16일

과거로부터 자유롭고
미래의 불안으로부터 벗어나면
지금 이 순간에 머물며 웃을 수 있습니다.

2월 14일

아무리 공간이 좁아도

아늑하고 조용한 곳에

명상할 수 있는 작은 공간을 만들어보세요.

오늘 하루 만났던 모든 분께

"고맙습니다"라는

마음 한 번 낼 수 있다면

그곳이 바로 내면의 쉼터입니다.

11월 15일

우주의 힘을 이용하려면
먼저 우리 자신이 우주와 별개의 존재가 아니라
우주의 일부임을 알아야 합니다.
한때 하나였던 것은 현재 연결되어 있든 아니든
서로 이어져 있습니다.

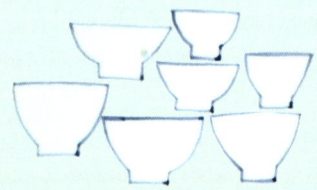

2월 15일

파도가 밀려왔다가 빠져나가듯
걱정과 불안도 밀려왔다가 빠져나가는
물결 같은 것입니다.
파도타기를 하며 즐거워하는 사람은
파도가 두렵지 않습니다.

11월 14일

우리는 행운을 바라면서도
정작 행운의 문을 여는 친절한 말과 행동에는
무관심할 때가 많습니다.

2월 16일

절 밖의 문을 나서는 순간

나는 다시 이 문으로

안 들어올지 모른다고 생각합니다.

그런 마음으로 하루를 살면 마음이 가볍습니다.

11월 13일

내가 변하지 않으면

우주도

나를 변화시킬 수 없습니다.

2월 17일

인생은 그대 편입니다.

11월 12일

많은 일이 머리를 무겁게 누르더라도
삶의 바윗덩어리 틈으로 고개 들어 위를 보세요.
구름이 덮였어도
광활한 하늘이 우리를 감싸고 있어요.

2월 18일

만약 생의 설계 도면이
미리 나와 있다면
고민할 일도 없겠지요.
그러나 생의 설계 도면은
마주치는 사람과
마주하는 현실에 의해 그려집니다.
만나는 일과 인연마다 탐구하기!

11월 11일

인간이 겪는 고통을 저울에 올려 무게를 달아본다면
더한 고통도 덜한 고통도 없지요.
다만 우리가 타인의 고통은
나보다 가벼우리라 짐작하고
나의 고통은 타인보다 무겁다고 여길 뿐입니다.

2월 19일

화내는 자신을

"화가 났구나. 많이 힘들었구나" 하며

토닥여주세요.

화는 저항할수록 커지지만 토닥거리면 사라집니다.

11월 10일

'이 일이 내게 일어나지 않았으면 좋았을걸.'
그런 원망과 후회는 지금 당장 털어버리세요.
그때 그것을 경험하였기에
지금 다른 방향을 볼 수 있는
선택의 기회를 얻었으니까요.

2월 20일

우리의 내면에는 부자도 살지만
도둑도 살고 있습니다.
불같이 일어나는 화는
남의 행복을 빼앗으려는
마음의 도둑입니다.

11월 9일

죽음을 계획하는 사람은
관상이 달라지고,
마음 씀씀이가 달라지고,
삶이 달라집니다.
매일매일이 기적이 되고 선물이 됩니다.

2월 21일

기도는 나 자신을 위한 것보다
타인을 위한 것일 때 잘 이루어집니다.

11월 8일

자기 자신을 원망하는 마음 밑에는
남과 비교하는 마음,
더 높아지고 싶은
끝없는 욕구가 있지요.
그것이 눈을 어둡게 하여
진정한 나를 보지 못하게 합니다.

2월 22일

마음은 마르지 않는 샘과 같아서
퍼내도 퍼내도 마르지 않습니다.
나누고 베풀면 오히려 더 채워지는 것이
마음의 샘입니다.

11월 7일

바깥으로 나오겠다는 의지 하나로
병아리가 알을 쪼아대듯
'나는 누구인가?'라는 의문 하나가
우리를 깨달음의 길로 이끌 수 있습니다.

2월 23일

내가 사랑하는 사람이
나의 표현방식을 부담스러워 하거나
불편해한다고 느낀 적 없으신가요?
집착하는 상대에게서 한 걸음 물러나면
상대와 내가 진정한 행복으로 갈 수 있습니다.

11월 6일

마음이 어수선할수록, 생각이 복잡해질수록,

뜻하지 않은 일을 만나는 날일수록,

두 손을 가만히 가슴에 끌어당겨 합장해보세요.

마음이 환해지고 모든 것이 본래 자리로 돌아갑니다.

2월 24일

고통엔 다 이유가 있습니다.
이유 없는 고통은 없습니다.
고통이 다가올 때
물결을 거슬러 올라가려 하지 말고
있는 그대로 받아들여보세요.
고통이 내 것이 되는 순간
고통에도 의미가 깃듭니다.

11월 5일

고통에서 벗어나려 안간힘을 쓰는 기도나
결핍을 채우려 허덕이는 기도는
몸과 마음을 지치게 합니다.
어떤 모습, 어떤 상황이라도,
지금 이 순간 있는 그대로의 현실을
겸손하게 받아들이는 것이 순수한 기도입니다.

2월 25일

오늘 마주치는 사람이
당신을 이롭게 하면 축복을,
만약 당신을 괴롭게 하면
더 큰 축복을 보내세요.

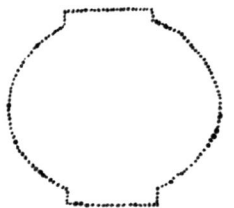

11월 4일

부정적인 감정도 하나의 행위입니다.

그 행위는 우리의 삶을

반복된 고통으로 몰아넣는 업의 씨앗이 됩니다.

2월 26일

스스로를 사랑하는 사람은
타인에게도 사랑받습니다.
스스로 사랑할 줄 아는 사람이
사랑을 나누는 법도 알게 됩니다.
남을 사랑하기에 앞서
스스로를 사랑해야
제대로 타인을 사랑하게 됩니다.

11월 3일

마음은 일종의 스크린과 같아서
스크린을 통해서 보이는 것은 진실이 아니라
영상이며 환영일 뿐입니다.

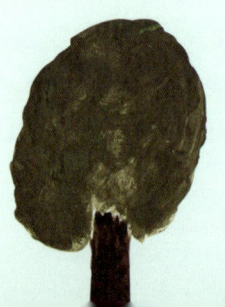

2월 27일

좋은 사과를 얻기 위해 사과나무 가지를 쳐내듯

인생의 좋은 과일을 얻기 위해

당신이 하는 많은 것들을 가지치기하세요.

11월 2일

돌에게는 마음도 없고 자아도 없습니다.
과거, 현재, 미래라는 시간도 없으니
불상이 모습을 드러내는 순간 돌은 불성과 연결됩니다.

2월 28일

우리에게는
온 세상을 치유할 만한
크고 깊은
사랑이 있습니다.

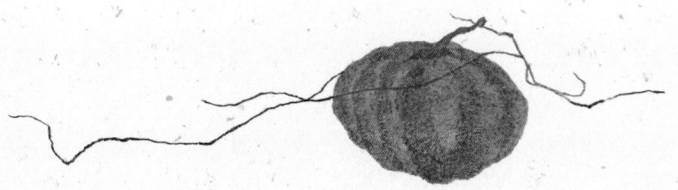

11월 1일

몸 따뜻하게 비벼주고
가볍게 공양 들고 출근하세요.
여러분이 가는 곳마다
돕고 응원할 인연을 만나게 될 것입니다.

2월 29일

존재하는 모든 것은 변합니다.
우리의 감정, 느낌, 생각,
사랑하는 가족과 친구,
소유하고 있는 물건까지
시간의 유한성 위에 잠시 머물 뿐입니다.

11월

3월

10월 31일

나와 모든 면에서 너무나 다른
누군가를 받아들이는 일은
새로운 또 한 세상을 받아들이는 일입니다.

3월 1일

세상에 이익이 되는 공덕을 지으면
나는 저절로 아름답고 우아해집니다.

10월 30일

만약 우리에게 죄가 있다면
그것은 깨어 있지 않다는 사실 하나입니다.

3월 2일

돌부처님도 두 손을 모으면 온기가 돕니다.
냉정한 사람도 마음을 모으면 따뜻해집니다.

10월 29일

고통스러운 일을 겪어도 그 경험이
나를 성장시킨다고 믿는 사람은
어떤 일을 만나도 두려움이 없습니다.

3월 3일

오늘 하루 누군가를 만나 분별심이 생긴다면,
그것이 그릇된 마음의 습관임을 알아차리고
'그럴 수도 있겠구나' 하고 읊조려보세요.
상대에 대한 이해가 깊어질수록
관계는 편안하고 행복해집니다.

10월 28일

화는 자신의 방식대로 세상이
움직이기를 바라는 마음에서 옵니다.
오늘은 내 방식이 아닌
세상의 물결 따라
흐름을 음미해보세요.

3월 4일

먹이로 배를 채운 동물은
다음 허기가 돌 때까지
어떤 먹잇감에도 관심이 없습니다.
인간만이 배를 채운 뒤에도
또 채울 것을 욕망합니다.

10월 27일

복을 받겠다는 생각이 일어나면
복이 아닌 행동에 저항하게 되고,
선행을 쌓겠다는 마음이 움직이면
악행을 볼 때 미운 마음이 일어납니다.
선행도 악행도
구별 짓는 마음이 사라지면
저절로 모든 행은 바르게 됩니다.

3월 5일

원하는 목표가 있다면,
그 소망을 간절하게 떠올려 집중하고
성취되었다는 마음으로 행동하고 기도해보세요.
긍정의 에너지가 인생의 방향을
기쁨의 나침반으로 바꿉니다.

10월 26일

냄비 위로 넘치는 거품을 걷어내듯
감정에 생기는 거품 또한 걷어내야 합니다.
모든 거품은 다 허망합니다.
거두어들이기 어려운 감정을 향해
결사적으로 달려가지 마세요.

3월 6일

내가 씨앗을 뿌렸다고 생각하는 것,
모든 원인이 나에게 있으니 내가 책임져야 한다는 것,
그것이 윤회를 끝내는 길입니다.
윤회를 끝낸다는 것은
내가 근원임을 인정하며 책임을 지는 것입니다.

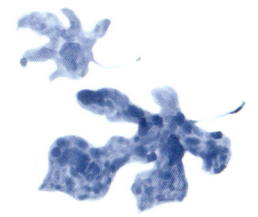

10월 25일

베풀기 전에 부담이 없어야 하고
베푼 후에 후회가 남지 않는
깨끗하고 기쁨이 있는 공양이
최고의 공양입니다.

3월 7일

말에 담긴 에너지는 사람을 해치기도 하고,
쓰러진 사람을 일으켜 세우기도 합니다.
오늘 어떤 말로 하루를 보내시겠습니까?

10월 24일

"혼자라고 대충 먹지 말고
건강은 스스로 지키기.
상대가 함부로 대하더라도
나는 품위를 잃지 말기를."

해외에서 직장 생활하는 청년에게

3월 8일

순간순간 살아 있다는 사실
그 자체에 감사해보세요.
감사의 에너지를 따라 삶이 바뀔 것입니다.
운명의 방향이 기적을 향해 맞춰질 것입니다.

10월 23일

고통을 겪어보면 평소 귀중해 보였던 것들이
한순간에 부질없게 느껴지고
평소 사소하게 생각했던 것들이
무엇보다 소중한 것임을 깨닫습니다.

3월 9일

칭찬하던 입으로 비난할 수 있고
비난하던 입으로 칭찬할 수 있습니다.
칭찬과 비난은 양날의 칼이니
조심해서 다루어야 합니다.

10월 22일

기도의 공덕은 결코 사라지지 않습니다.

남이 빼앗을 수도 없으며

육신을 떠난다 해도

영원히 나와 함께하는 진리의 보석입니다.

3월 10일

이슬 같고,
무지개 같고,
물거품 같고,
그림자 같은 생각을
좋아가지 마세요.
존재를 있는 그대로
바라보지 못하게 합니다.

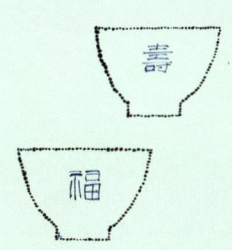

10월 21일

어떤 일에서 탁월함을 보이는 사람은
자신의 장점을 잘 알고 있습니다.
자신이 어떤 면에서 뛰어난지를 아는 것이
세상을 움직이는 힘이 됩니다.

3월 11일

산만한 기분과
하기 싫다는 마음은
나만을 생각하는
이기심에서 생겨납니다.

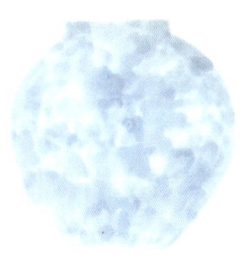

10월 20일

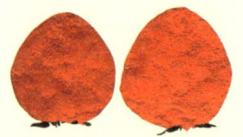

이것은 왜 이 모양이지?
저것은 왜 저 모양이야?
허물을 먼저 보고 탓하는 것은
무심결에 은혜를 등지게 하는
어리석은 마음입니다.

3월 12일

누군가를 칭찬하고 싶다면
구체적으로,
진심으로 칭찬해주세요.

10월 19일

한동안 침묵하다 보면
말이 낙엽처럼 수북이 쌓이는 것이 느껴집니다.
그러나 침묵이 더 깊어지면
마침내 언어는 사라지고
마음은 물 빠진 항아리처럼 비어갑니다.

3월 13일

싫어하는 일이지만 즐겁게 하는 것,
좋아하는 일이지만 즐겁게 참는 것,
이를 배우는 것도 큰 공부이며 기도입니다.

10월 18일

살아가면서 일어나는 모든 일은
언젠가 일어나도록 되어 있습니다.
그러므로 나는 그 순간
무엇을 해야 하는지만 생각하면 됩니다.

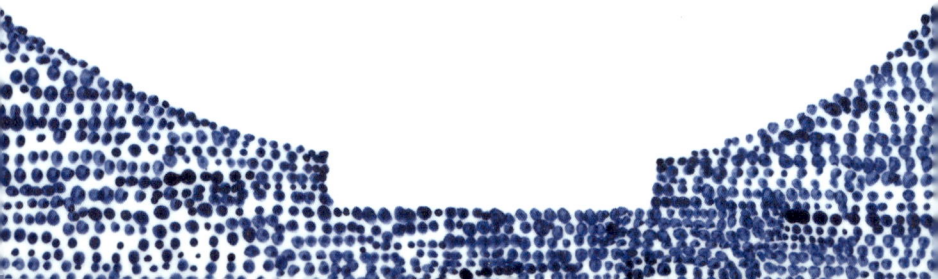

3월 14일

다른 사람의 괴로움과 고통까지
내가 대신 받을 수 있는 힘과 용기가
내 안에 생겨나게 하소서.

10월 17일

누군가 나의 잘못을 지적하면
불끈 화를 내지 말고 이렇게 해보세요.
"잘 보셨습니다. 잘못을 알려줘서 고맙습니다"
나도, 그도 평화로워집니다.

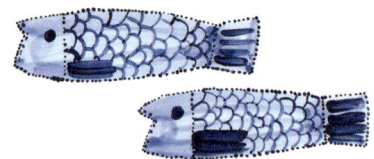

3월 15일

의식 수준이 한 단계 도약할 때마다
행복의 크기가 커집니다.
자신의 본성에 대한 앎이 깊어질수록
행복과 닿아 있는 부분도 깊어지지요.

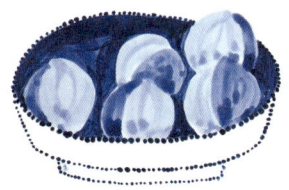

10월 16일

아무런 편견 없이
아무런 정보 없이
누군가를 만나보세요.
그 사람을 존재 그대로 바라보세요.

3월 16일

인생의 한 장면만 잘라서 보면
억울하거나 피해를 보는 일도 있지만
전 생애를 관통하는 우주의 지혜로 본다면
모든 순간은 배움의 연속입니다.

10월 15일

두려움이 더 두려운 것은
두려운 상황을 미리 앞당겨서
상상하는 마음 때문입니다.

3월 17일

"아직 준비가 안 됐어. 준비되면 시작해야지!"
늘 준비만 하는 사람은 평생 이것도 저것도
제대로 해낼 수 있는 것이 없습니다.
오늘 하루 무엇이든 한번 시작해보세요.

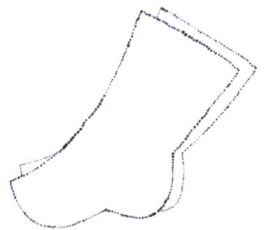

10월 14일

우리가 보낸 모든 삶은
우주의 카메라에 자동으로 찍히고
마음속 생각까지도 고스란히 저장되어
업의 창고에 남겨집니다.

3월 18일

소수가 모여 일하는 것보다
더 많은 사람이 모여 일하는 것이
각진 부분이 둥글어지는 데 훨씬 낫다고 합니다.
다수의 부대낌을 통해 사람의 모서리가
둥글어져 조화를 이루는 것이지요.

10월 13일

좋은 인연은
내 안의 빛이 되어줍니다.

3월 19일

마음의 질주를 멈추고
내면의 신성과 만나는 시간을 가져보세요.
1분 명상, 기도, 경 읽기 뭐든 좋습니다.
화초에 물을 주듯 마음에도 물을 줘야 합니다.

10월 12일

무언가를 싫어할수록

누군가를 미워할수록

그 대상은 내게서 멀어지는 게 아니라

더 달라붙게 됩니다.

3월 20일

지혜의 눈은
육신에 붙어 있는 눈이 아니라
언제나 모든 현상을
지긋이 음미하듯
배경으로 물러나 있는
제3의 눈입니다.

10월 11일

끝이 뾰족하고 거친 돌들을
큰 통에 넣고 문질러 치대면
날카롭던 모서리가 둥글어집니다.
위험한 부분은 사라지고
원래의 부드러움이 나타나지요.
인간관계도 계속 부딪치면서
모난 곳이 다듬어집니다.

3월 21일

집착을 어떻게 버리느냐고요?

그냥 놓으세요.

앞뒤 재지 말고 그냥 탁 놓고 돌아서버리세요.

10월 10일

사랑의 힘을 무기력하게 하는 네 가지는
비판하기, 경멸하기, 변명하기, 발뺌하기라고 합니다.
반면에 책임지기는 사랑의 힘을 커지게 하지요.

3월 22일

화가 나면 화나는 그 감정을 향해
'화'라고 이름 붙여보세요.
짜증이 나면 짜증 나는 그 감정을 향해
'짜증'이라고 이름 붙여보세요.
이름을 붙이고
조금 떨어져서 보면
화와 짜증의 힘이 약해집니다.

10월 9일

아침에 눈을 뜨자마자 먼저
자신에게 미소를 보내며 간단히 기도해보세요.
하루를 소중하게 맞이할 수 있습니다.

3월 23일

내가 현재 겪고 있는 모든 일은
나 자신이 생각으로 어느 순간엔가 만든 것입니다.

10월 8일

마음을 쉰다는 것은
주체하지 못하는 탐욕을
내려놓는다는 뜻입니다.

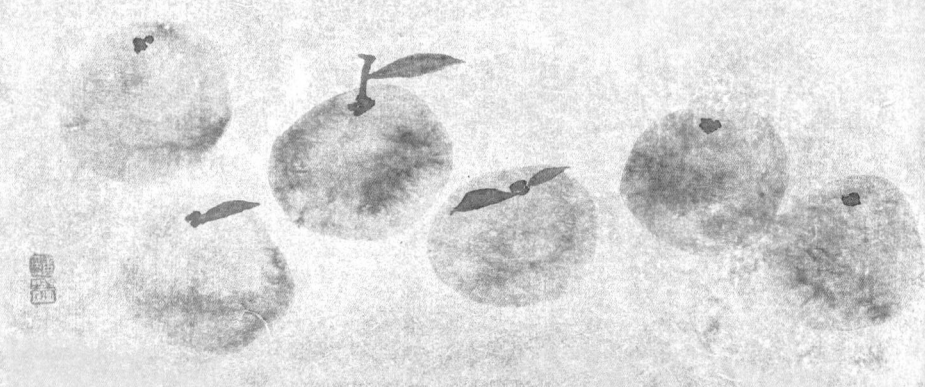

3월 24일

너와 내가 둘이 아니며
타인과 내가 분리된 남남이 아니라
똑같이 아픔과 기쁨을
나눌 수 있는 존재라는 사실을 아는 순간,
자비심은 커집니다.

10월 7일

자신을 얼마나 사랑하고 있나요?
타인을 미워하는 사람은
자신도 진정으로 사랑하지 않는 것입니다.

3월 25일

좋은 인연은 억지로 만들어지는 것이 아니라
마음을 여는 순간 저절로 찾아옵니다.

10월 6일

의식 밖에 우주가 따로 존재하는 것이 아니라
모든 것이 '나'라는 우주 속에서
일어나는 현상인데도
사람들은 바깥에 있는
불가사의한 무언가를
찾아 헤맵니다.

3월 26일

오늘 아침, 나와 함께 눈을 뜬 모든 존재가
건강하고 행복하길 기원해보세요.
따뜻한 마음으로 편안한 하루가 열립니다.

10월 5일

누군가의 호의를 선뜻 받아들이는 것도
배워야 합니다.
선물을 받고 기뻐하는 마음은
선물을 준 상대에겐 또 다른 선물과 같습니다.
진정한 받음은 진정한 베풂과 다르지 않습니다.

3월 27일

언뜻 보기엔 사랑 같으나 가짜 사랑도 있습니다.
집착은 사랑을 흉내 냅니다.

10월 4일

내 마음은 지금 이 순간
어디를 향해 있나요?
마음이 향한 그곳에서
무엇을 보고 있나요?

3월 28일

부정적인 생각을 하면 그 생각은
마치 신통한 예언처럼 들어맞게 됩니다.
우리는 각자 예언의 능력을 가져서
생각대로 이루고 있으니
이왕 할 바에야 긍정적인 예언이 맞도록 하세요.

10월 3일

인생에서 일어나는 일은 마음대로 할 수 없어도
그 일들에 반응하는 방식은
마음대로 선택할 수 있습니다.

3월 29일

하늘의 별을 보려면
깊은 밤 산꼭대기에 올라가
목을 최대한 젖혀야 하고
돋아나는 새순을 보려면
양지바른 곳에 낮게 엎드려
숨을 죽여야 합니다.

10월 2일

인생에 어려움이 닥치면
모르는 것에서부터 시작하지 말고
지금까지 우리가 살면서
알게 되고 경험한 것에서부터
시작해보세요.
그것이 비록 작은 앎이라도.

3월 30일

이해하기 힘든 타인의 행동을
그럴 만한 이유가 있을 거라는 눈으로 바라보면
여유가 생기고 지혜도 깊어집니다.

10월 1일

한 알의 사과를 보며
농부의 노고를 생각하는 마음은
인생의 거친 파도를 견뎌내는
지혜와 연결됩니다.

3월 31일

오늘이 내 생의 마지막 날이라면
미루고 있던 그 일을
당신은 할 것인가요?
내가 곧 죽을 것임을 기억한다면
삶에서 가장 중요한 것을
선택할 수밖에 없습니다.

10월

4월

9월 30일

내가 늘 보던 사람, 당연히 아는 사람,
언제나 거기 있는 사람이 아니라
지금 그 자리에 그가 있다는 것을
경이롭게 바라보세요.
그래야 세상의 모든 관계가 신선해지고
마주하는 모두에게
온전히 집중할 수 있답니다.

4월 1일

생수를 마시듯 커피를 마시듯
고통은 내가 들이마시고
기쁨은 온전히 밖으로 내쉬어보세요.
고통은 온 마음으로 받아들여도
고통스럽지 않고
사랑은 아무리 주어도
줄어들지 않습니다.

9월 29일

하루 중 1분이라도 고요한 시간을 가지세요.
나의 내면은 마음만 먹으면
언제나 찾을 수 있는 성스러운 공간입니다.

4월 2일

유한한 것을 좇고 매달리는 습관은
결코 우리를 만족시키지 못합니다.
내 것이라는 믿음, 영원하리라는 집착을 벗어버리고
가볍고 홀가분하게 여행을 하듯
행복으로 나아가는 시간을 가져보세요.

9월 28일

자유란 그냥 주어지지 않습니다.
감당하기 어려운 일을 감당해가며
기품 있게 행동할 때에야
비로소 내면에 자유가 찾아옵니다.

4월 3일

기도와 명상이 무엇일까요?

자신의 심장에 박힌 대못을 빼는 것입니다.

9월 27일

땅속 세계가 얼마나 풍요로운지는

나뭇가지마다 열리는

각양각색의 열매들을 보면 압니다.

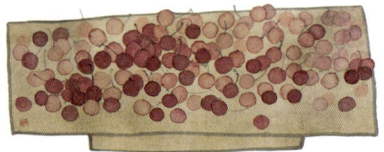

4월 4일

세상 모든 존재가 나를 돕고 있음에 감사드립니다.
감사함을 기억하는 마음,
우리의 삶을 행복으로 이끄는 초대권입니다.

9월 26일

내 안에 있는
나 자신의 에너지를
믿고 따르세요.
우리는 스스로
치유할 수 있는 존재입니다.

4월 5일

큰 사랑에 나 자신까지 포함하십시오.

사랑과 자비는 무엇보다

나 자신에게 베푸는 친절에서 시작되어야 합니다.

이기심이 아닌 존재에 대한 경외로

스스로를 사랑하세요.

9월 25일

늪에서 빠져나오려 할수록
더 깊이 푹푹 빠지게 되듯
서둘러 고통에서 벗어나려 발버둥 칠수록
가야 할 길은 점점 멀어집니다.
고통이 내게 뭘 일깨우려 하는지
고요히 숨죽여 바라보세요.

4월 6일

남의 눈을 속이기는 쉬워도
우주 법계의 눈은 속일 수 없습니다.

9월 24일

"세상 떠나는 그 순간,
가져갈 수 있는 것 하나 없으니
이 순간 소유하고자 하는 마음을 내려놓습니다."
집착을 단칼에 끊어버리면
스스로 가벼워지는 자신과 만납니다.

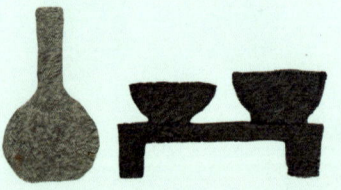

4월 7일

상대를 대할 때 선입견을 버리고
아무것도 그 사람에 관해
아는 게 없다는 눈으로 바라보면
상대의 더 진실한 모습과 만나게 됩니다.

9월 23일

아무리 어둡고 힘든 순간이 찾아와도
내면의 불성은 보름달처럼 환하게
나를 비춘다는 걸 잊지 마십시오.

4월 8일

나는 좋은 일을 욕망하지도
나쁜 일에 저항하지도 않습니다.

9월 22일

고통도 즐거움도 다 찰나일 뿐
삶은 그저 그 자리에 있습니다.

4월 9일

기도나 치유를 별난 것이라 생각하지 마세요.
그저 당신이 현재 있는 그 자리에서
선한 마음을 일으키고
보답을 바라는 기대 없이 무언가를 행하면
기쁨과 행복은 샘물처럼 솟아오릅니다.

9월 21일

깜깜한 터널 같은 세상 밖에 무엇이 있을지
무조건 두려워하진 말아요.
환하고 밝은 희망이 터널 밖에 있을지 모른다고
막연히 기대하지도 말아요.
어둠에 맡기면 몸이 빛을 찾아냅니다.

4월 10일

사랑은 감정이 아니라
세상과 교류하는 방식입니다.

9월 20일

한번 화를 내면
다음에 화를 내는 것이 더 쉬워집니다.
거듭해서 화를 내다 보면
화를 낼 상황과 더 자주 마주하게 됩니다.

4월 11일

숙련된 마부는 말이 아무리 빠르게 달려도
떨어지거나 자신의 목숨을 위태롭게 하지 않습니다.
마부의 몸이 말이 달리는 대로
자유자재로 대응하기 때문이지요.

9월 19일

눈은 육신의 거울이고,
귀는 몸의 창문이며,
얼굴은 정신의 뜨락이라고 합니다.
여러분의 뜨락은 어떤가요?
연못이 있고, 나비가 날아오고,
꽃이 피어 있나요?

4월 12일

감사의 에너지는 마치 자석처럼
여러분의 인생에 도움을 줄 사람들이
저절로 생겨나게 합니다.

9월 18일

비가 퍼붓고, 따가운 햇살이 쏟아지고,
거친 바람을 맞으면서 과일은 익어갑니다.
지금 삶에서 위기나 어려움을 맞고 있다면,
이 고통으로 내가 성숙해지고 있음을 기억하세요.

4월 13일

평화로운 마음은 강하지만
평화롭지 않은 마음은 유약해서
작은 동요에도 좌절합니다.

9월 17일

걷잡을 수 없는 불길도
처음엔 한 개비 성냥에서 피어나고,
장쾌한 폭포수도
한 방울의 이슬에서 비롯됩니다.
내게 있는 조그만 것을 나누는
작은 사랑이
세상을 깨웁니다.

4월 14일

높은 산에 올라
눈앞에 펼쳐지는 전경을 바라볼 때
고개를 살짝만 돌려도
전혀 다른 풍경을 만나게 되지요.
우리의 마음도 그렇습니다.
같은 상황과 경험이라 할지라도
어떤 각도에서 받아들이느냐에 따라
삶의 풍경이 달라집니다.

9월 16일

눈으로 보는 것,

귀로 듣는 것,

코로 냄새 맡는 것들은

실재의 세계가 아니라

기억이 만든 집착의 그림자일지도 모릅니다.

4월 15일

자신을 때리는 사람에게
축복을 보내는 일이 가능할까요?
목탁은 두드리는 대로 맞으면서 세상을 깨웁니다.

9월 15일

만약 선행을 하면서
누군가 알아주지 않는다고 서운해하고
그것을 마음에 담아두었다면
그 선행은 오히려
업을 짓는 행위에 불과합니다.

4월 16일

내가 나를 미워하고 외면하면
나도 모르게 내 마음은 깊은 상처를 받습니다.
나 자신에게
화해의 손길을 내밀어보세요.

9월 14일

다른 사람이 하는 행동에 심한 거부감이 일어난다면
가만히 살펴보세요.
그 사람의 미운 행동이 내게는 없는지.

4월 17일

영원할 것처럼 보이는 인생도
언젠가는 소멸합니다.
우리에게 남아 있는 시간이
그리 많지 않습니다.

9월 13일

고통이 나에게만 주어진 것이
아님을 알면
고통마저 내면의 아이가
한 단계 성장하는
기회로 여길 수 있습니다.

4월 18일

가끔 자신의 목소리를 들어보세요.
지나치게 애를 쓰고 있는 건 아닌지
자신감이 부족해 기어들어 가는 건 아닌지
목소리는 현재의 내 의식을 반영합니다.

9월 12일

딱 하루만, 자신을 포함한 어느 누구도
비난하거나 탓하거나 칭찬하려는 마음 없이
온전히 고요하게 지내리라 결심해보세요.
그 약속이 지켜지면 자신에게
근사한 상을 주는 것도 즐거운 일이죠.

4월 19일

오늘 하루 누가 나를 공격해도
한 걸음 물러서서 반응하지 않겠다고
평온하고 고요하게
내 마음에 속삭여봅니다.

9월 11일

우리는 행복을 마치 누군가가 우리에게 주는
특별한 선물이라 착각하지만
이 세상에 존재하는 어떤 행복도
자신의 마음이 선택하지 않은 것은 없습니다.

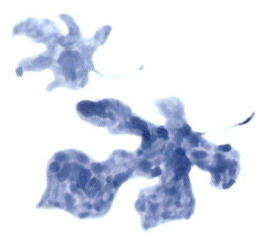

4월 20일

무엇인가 참되게 이해하기를 바란다면

단지 서서 바라볼 것이 아니라

안으로 깊숙이 들어가

그들과 하나가 되어야 합니다.

9월 10일

누군가와 대화를 나눌 때
마음을 다해 그 사람 이야기에 귀 기울이면
그 순간은 정말
귀중한 경험이 됩니다.

4월 21일

오늘은 어떤 일을 걱정하고
무엇을 불안해하고 있나요?
나의 걱정과 불안을 구체적으로 떠올리고
한 문장으로 완성해보세요.
그리고 10년 뒤에도
지금의 걱정을 계속하고 있을지
잠시 돌아보세요.

9월 9일

아침에 일어나면 방 안을 밝게 하고
햇살을 쬐어보세요.
몸도 마음도 건강해지는 습관입니다.

4월 22일

누군가를 오해하고 왜곡하여 바라보는 것은
그 사람을 마음에서 밀어냄과 같으니
하나의 우주를 상실하게 됩니다.

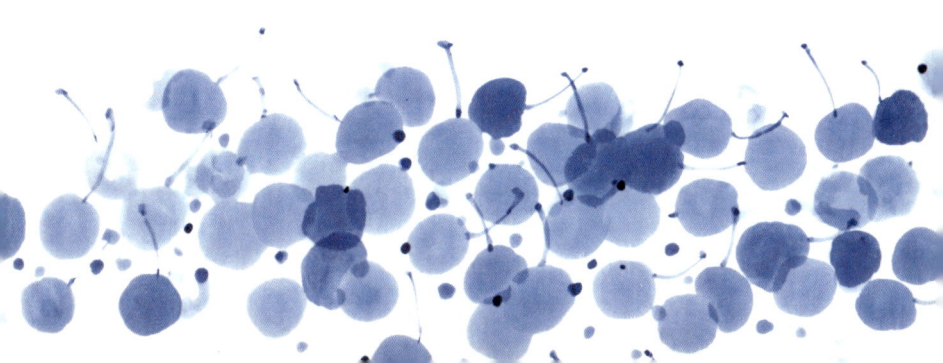

9월 8일

지금 내가 겪는 모든 일은
내 영혼이 성장하기 위해 일어난 것입니다.

4월 23일

내 방식의 사랑만이 옳다는 착각이
상대와의 갈등을 불러오지요.
어떤 사랑이라도
받는 사람이 원하지 않는다면
타인의 행복을 빼앗는 행위가 됩니다.

9월 7일

흔들림 없는 마음의 평화란
아무도 없는 새벽녘 산중에서
얻어지는 것이 아닙니다.
껑충껑충 사방으로 튀어 오르는
생각의 고삐를 틀어쥐고
습관적으로 흘러가는 망념을 고요히 받아들일 때
비로소 얻어집니다.

4월 24일

아무리 부족하고 실수투성이라고 해도
나를 원망하고, 괴롭히고, 비난하느라
소중한 나를 외롭게 내버려두지 마세요.
지금 여러분이 겪고 있는 모든 것들,
정말 다 괜찮습니다.

9월 6일

"세상 모든 존재가 나를 돕고 있음에 감사드립니다."

매일 아침, 이렇게 속삭여보세요.

마음속에 밝은 빛이 퍼집니다.

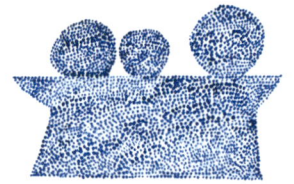

4월 25일

내면이 평화로우면

행복은 그곳에 꽃처럼 내려앉습니다.

9월 5일

누군가 나를 칭찬할 때,

누군가 나를 비난할 때,

칭찬과 비난에 넘어가지 마세요.

칭찬도 비난도 어리석은 자의 분별입니다.

타인이 나를 어떻게 보는지는

하나의 액세서리일 뿐입니다.

4월 26일

지혜로운 사람은
현재의 일이 미래에 어떤 식으로 연결될지
배우기도 전에 알아차립니다.

9월 4일

나와의 약속을 끝까지 지키는 것,
스스로 인생을 완성하는 길입니다.

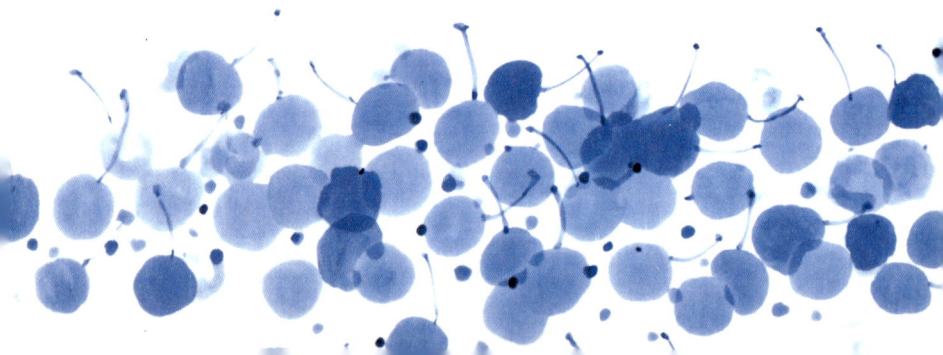

4월 27일

자신이 행복하다 느끼는 사람은
언제나 부자의 기도를 올립니다.
자신에게 과분한 것을 주셔서
감사하다고 행복한 기도를 합니다.
그래서 그 사람은 기도하는 순간에
이미 행복을 선물 받습니다.

9월 3일

정말 나를 힘들게 하고
아프게 하는 사람까지
사랑하기란 참 쉽지 않습니다.
그래서 이런 사랑은 마음통장의 적금에서
이자가 두 배입니다.

4월 28일

오늘 내가 짓는 한 번의 웃음이
좌절하는 사람에게
밝은 희망이 되기를 발원합니다.

9월 2일

온실 속에서는 큰 나무가 자랄 수 없고,
무거운 짐을 진 소가 깊은 발자국을 남깁니다.
사람도 자연도 시련 속에서 더욱 깊어지는 것,
자연스러운 변화의 원리입니다.

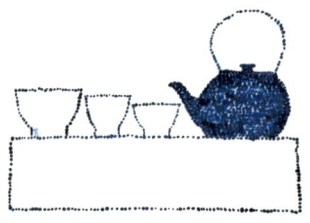

4월 29일

실수를 한 뒤
잘못이라 깨닫고 뉘우치는 사람은 성장하지만
죄책감에 시달려 헤매는 사람은
실수의 늪으로부터 헤어나지 못합니다.

9월 1일

무엇을 결정하든 기쁘게 받아들이세요.
우주는 기쁘게 받아들이는 사람을 돕습니다.

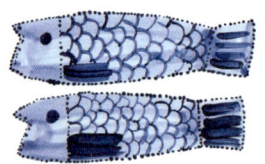

4월 30일

나를 위해 편안한 미소를 보내준 친구,
따뜻한 말로 나를 위로해준 동료,
출근길에 나를 안전하게 태워준 버스 기사님,
내가 필요한 물건을 배달해준 택배 기사님,
지금 살아 숨 쉬는 고마운 내 몸.
항상 고마운 사람들이
내 곁에 있습니다.

9월

5월

8월 31일

알고 보면 우리는

매일매일

풀과 꽃과 나무와 바람과 물소리가

선사하는 기적 속에

살고 있습니다.

5월 1일

우리는 서로 연결되어 있습니다.

당신과 연결된 그 사람에게 미소를 보내보세요.

8월 30일

어제 싱싱하고 신선했더라도
꽃은 오늘 병들고 시드는 것을
아무 거부감 없이 받아들입니다.
우리는 왜 그런 태연한 태도로
늙음과 죽음을 인정하지 못할까요?

5월 2일

"네가 곁에 있어 많이 힘이 되고 좋아."
축복의 말 한마디 '톡' 하고 터트려보세요.

8월 29일

사려 깊지도 의미 있지도 않은 말을 하며
시간을 죽이는 일은
시간과 함께 자신도 죽이는 일입니다.

5월 3일

아침에 눈을 뜨면
내 마음을 가장 부드럽고 자비롭게 할
대상을 떠올려보세요.
하루의 시작을 알리는 종소리 같을 것입니다.

8월 28일

자신이 초라하다고 생각되는 날엔
산을 바라보며 산을 통째로 끌어안듯
깊이 호흡해보세요.
산이 되어 호흡해보세요.

5월 4일

새들이 앉아 있다 떠나가도 아무런 동요 없이
그저 묵묵히 서 있는 나무처럼
흔들림 없는 마음이 편안한 마음입니다.

8월 27일

여러분은 얼마 동안이나 아무 생각도 하지 않고
시간을 보낼 수 있으신지요?
생각이 사라지면 찾아오는 것은
공허함이 아니라 고요함입니다.

5월 5일

자기 것을 챙길 줄 모르고,
마지막 남은 연필 하나까지도 친구에게 줘버리고,
벌레가 물어도 불쌍하다며 죽이지 못하는 아이를
바보 같다고 속상해하지 말고
고맙고 놀라운 눈으로 바라보십시오.
그것이 우리의 본래 모습입니다.

8월 26일

태풍이 올 때 저는
암자 뒷문을 열어놓아 바람길을 내어줍니다.
불같은 분노가 일어나면 분노의 불길이 흘러가도록
마음의 뒷문을 열어두세요.

5월 6일

바람이 불면 촛불은 꺼지지만
내 안에 있는 소중한 등불은
어떤 바람에도 꺼지지 않습니다.

8월 25일

나를 밝게 할 사람은 오로지 나 자신입니다.
좋은 말씀이 위로가 되고
진리의 길을 밝히는 등불이 된다 해도
그 등불을 비추고 길을 가야 할 사람은
결국 자기 자신입니다.

5월 7일

마음을 모아 108배를 해보세요.
생각, 말, 행동으로 짓는 업을 청산하는
가장 좋은 방법입니다.
우리의 몸은 업을 부수는
훌륭한 분쇄기가 됩니다.

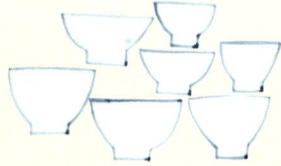

8월 24일

다른 사람을 칭찬하고
미소를 보내는 친절이
사실은 자신을 위한 일이라면
그것은 선행이 아닙니다.

5월 8일

걸림 없이 읽고,

걸림 없이 보고,

걸림 없이 듣고,

걸림 없이 말하는 것,

이것이 본래 마음입니다.

8월 23일

불이 난 후에 땅은 다시 비옥해지고
폭풍이 지나고 난 후에
공기는 더욱 맑아집니다.
힘든 순간이 찾아오면
그 역경이 나를 등 뒤에서 밀어주어
반걸음이라도 앞으로 나아가게
하고 있다고 생각해보세요.

5월 9일

용서에 관한 명상은 이렇게 해보세요.
"나 또한 남에게 상처 준 일이 있습니다.
오늘 나는 당신을 용서합니다."
세 번만 마음이 울리도록 기도해보세요.

8월 22일

모든 길의 끝에 바다가 있듯
모든 시간의 끝에도 종말이 있습니다.
잊을 수 없다고, 용서할 수 없다고
믿고 있는 그 모든 것을
강물에 흘러가도록 내버려두세요.

5월 10일

건강은 운동뿐 아니라
친절한 마음에서도 얻어집니다.

8월 21일

마음이 평온한 자는
좀처럼 세상일로 시비하지 않습니다.
그러나 자신의 삶을 향해선
날카로운 시선을 보내지요.

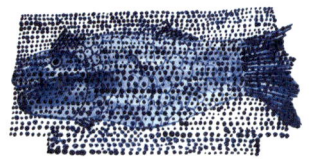

5월 11일

여기가 아닌 더 나은 곳이
어딘가에 있으리라는 믿음이
어쩌면 인간을 더 무지하게 만드는 것은 아닐까요?
좋은 곳에 태어나리라는 기대를 버리고
아무 조건 없이 선행을 해보면 어떨까요?

8월 20일

알아차린다는 것은
호흡하는 나,
현존하는 나를
있는 그대로 지켜본다는 말입니다.

5월 12일

오늘 내 마음은 어떤 일을 하느라 바빴나요?

혹시 남의 인생에 관여하느라 지쳐 있지는 않나요?

이제 자신으로 돌아오세요.

지금이라도 나 자신을 알아차리면 됩니다.

8월 19일

쓸데없는 일로 소모하는 시간만 줄여도
우리는 더 긴 하루를 누릴 수 있습니다.

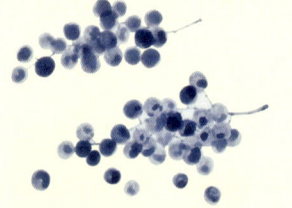

5월 13일

사랑의 에너지는
나를 바꾸어놓을 뿐 아니라
그 대상까지 변화시키는
힘이 있습니다.

8월 18일

내면에서 일어나는 감정과
함께하는 일이 쉽지는 않지만
의도적으로 반응하지 않고 바라보면
조금씩 집중력과 통찰력이 생겨납니다.

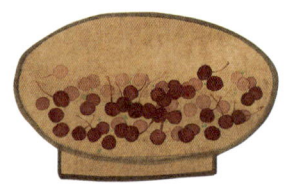

5월 14일

용서가 안 되는 그 사람을
10년 후, 30년 후,
죽은 후에도 미워할 건가요?

8월 17일

깨어 있는 상태는
그저 '소리가 들린다'가 아니라
'소리를 듣는 것'이며
그저 '눈에 보이네'가 아니라
'눈으로 보는 것'이며
'맛이 느껴지네'가 아니라
스스로 '맛을 보고 느끼는 것'입니다.

5월 15일

"미안해, 하지만…"
뒤에 따라붙는 군더더기가
인간관계를 제자리걸음 하게 합니다.
"정말 미안해."
이 말 한마디면 상처는 아뭅니다.
덧말 없이 간결하면 본성은 통합니다.

8월 16일

내 삶에는 한계도 제약도 없습니다.
모든 가능성과 희망을 내 안에 갖춘 나는
무한한 존재입니다.

5월 16일

이 생에 만난
하나하나의 인연은
내가 상대를 얼마만큼
배려하고 돌볼 수 있는지를
체험한 좋은 공부입니다.

8월 15일

몸은 여기 있으면서
마음은 저기 가 있진 않은가요?
혼란과 스트레스는 몸과 마음이
일치하지 않는 것에서부터 시작됩니다.

5월 17일

그대는 언젠가 부처가
될지도 모르는 것이 아니라
진작부터 부처입니다.
부처의 마음을
기억할 수만 있다면
그대는 부처입니다.

8월 14일

타인의 성장을 도와주면
내가 행복해지는 길도 열립니다.

5월 18일

인생을 너무 힘들게 하지 마세요.
잠깐 사이 흘러가는 짧은 인생,
기를 쓰며 고집부릴 일도 아니고
결사적으로 긴장하며 살 일도 아닙니다.

8월 13일

하루를 어떤 목표를 가지고 사느냐에 따라
그 사람의 삶의 그림이 그려집니다.

5월 19일

감사하는 마음에서 나오는 긍정적인 에너지는
어려운 상황을 풀어내는 힘이 있습니다.
마치 따뜻한 봄바람이 얼어붙은 대지를 녹여나가듯.

8월 12일

배가 지나가며 거세게 물살을 갈라놓아도
바다가 다시 고요해지듯
오늘 만나는 누군가가 혹여 내 마음을 찢어놓아도
고요히 호흡으로 돌아와 마음챙김 해봐요.

5월 20일

우리에게 있는 모든 문제는

그 자체가 문제라기보다

내가 그것을

문제 삼았기 때문에 문제가 됩니다.

8월 11일

"아무에게도 말하지 말라는 꼬리표를 달면
비밀은 안에 담겨 있으려 하지 않고
자꾸 밖으로 튀어나오려고 합니다."

5월 21일

인생은 수많은 결정의 연속입니다.

그럼 무엇을 어떻게 결정해야 할까요?

어떤 것을 얻으려는 욕망이 사라질 때

비로소 지혜가 나타나

결정을 돕는다고 합니다.

모든 걸 내려놓고 지혜를 고요히 기다려보세요.

8월 10일

자신만의 잣대로 나와 타인을 분별하고
저울에 달면서 한시도 마음을 쉬지 않으니
늘어나는 것은 어리석음뿐.

5월 22일

아름답고 좋은 것을 보았다면
주변 사람들과 함께 나눠보세요.
그 마음이 바로 사랑입니다.

8월 9일

나무는 준다는 생각조차 없고
주었다고 해서
어떤 대가를 바라지도 않습니다.

5월 23일

사과 속에 있는 씨앗은
누구나 셀 수 있지만
씨앗 속의 사과는
아무도 셀 수 없습니다.

8월 8일

우리가 행복이라 믿는 것은
많은 경우 행복이 아니라
어리석은 욕심인 때가 대부분입니다.

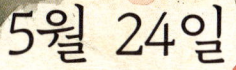

5월 24일

자신이 불행하다고
느끼는 사람은
결핍의 기도를 올립니다.
자꾸만 무엇을 달라고
빌게 되지요.
하지만 그런 사람이 소원을
이룬다고 해서 행복해지는 것은 아닙니다.

8월 7일

유난히 남의 일에 관심이 많은 사람은
마음이 고요해지기 어렵습니다.
고요한 마음이란 필요 없는 것을
'알지 않으려는' 의지로부터 시작됩니다.

5월 25일

"사랑합니다."

소리 내어 말해보세요.

마음 한 편에 있는 미움의 벽이 허물어지면서

세상은 좀 더 살기 좋아집니다.

8월 6일

출렁대는 것은 물결일 뿐
물은 그윽하고 변함이 없습니다.
출렁대는 것은 마음일 뿐
내 안의 본성은 변함이 없습니다.

5월 26일

자신의 결점과 문제에만

골몰하는 사람들은

남들이 자신의 결점만 쳐다본다고 생각합니다.

하지만 사람들은

저마다 자신의 문제에 빠져 있느라

다른 이의 결점에 신경 쓸 여유가 없지요.

그러니 심각한 상상은 집어던지세요.

8월 5일

내가 어떤 고난과 좌절을 겪었든
다른 이에게도 내가 모르는 슬픔과 아픔이 있습니다.
그것을 알아차리기만 해도
서로를 이해할 수 있습니다.

5월 27일

누구도 내 적이 아니며
누구도 내 원수가 아닌데
어찌 사랑하지 않을 수 있겠습니까?

8월 4일

독을 잘 쓰면 약이 되고
약도 과하면 독이 된다지요?
독 속에 약이 있고 약 속에 독이 있으니
쓰는 자의 마음 씀씀이에 따라
독과 약은 쓰는 곳이 다를 뿐입니다.

5월 28일

필요한 것과 원하는 것을
구분할 줄 알아야 합니다.
내게 참으로 필요한 것만 선택하면
인생은 간결해집니다.

8월 3일

뜨거운 불을 통과하지 않으면
순수한 금이 될 수 없듯이
해탈의 길도, 인생살이도
뜨거운 불길을 통과해야 아름다워집니다.

5월 29일

오늘 내 행복을 위해
남을 슬프게 하지 않습니다.
오늘 내 기쁨을 위해
남의 기쁨을 빼앗지 않습니다.

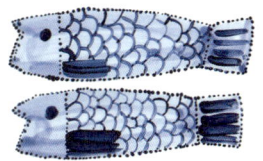

8월 2일

나는 오늘 내가 겪은 아픔과 상처, 슬픔을
사랑의 마음으로 안아줍니다.
나는 오늘 내가 겪은 감사와 행복, 기쁨을
온 마음으로 축하합니다.

5월 30일

나이가 들어가는 이유는
더 받기 위함이 아니라
이미 받은 것의 감사함을
되돌려주기 위함입니다.

8월 1일

한 번쯤 하던 일을 멈추고 생각해보십시오.

당신은 누구십니까?

5월 31일

지금 이 순간 감사하게 살아가면
모든 것이 완전합니다.

8월

6월

7월 31일

"오늘 하루 잘 살았어."

"오늘도 나를 믿고 따라주고 도와줘서 고마워."

토닥토닥.

나를 향한 사랑의 인사를 보내보세요.

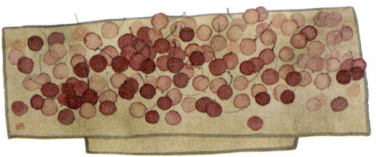

6월 1일

여기가 나의 한계라고 느껴질 때
사는 동안 한없이 초라해지고
자신감이 사라질 때
당신이 소중한 꽃이며 별이라는 사실을 잊지 마세요.
당신은 이미 완전합니다.

7월 30일

끝없이 원하는 마음은
물에 빠진 사람처럼
뭐든 움켜쥐려 합니다.
무엇 하나 잡히지도 않는 것을
움켜쥐려 하기보다
쥐고 있는 것을 놓아버릴 때
기회가 찾아옵니다.

6월 2일

아무도 보살펴주지 않아도
섭섭해하지도, 투정 부리지도 않고
저 자체로 아름답게 피었다가
소리 없이 지는 꽃들에게서
겸손과 침묵의 아름다움을 배웁니다.

7월 29일

고통을 똑바로 보는 사람은
절대로 우울하지 않습니다.

6월 3일

있는 그대로 당신은 훌륭합니다.
스스로를 비하하는 그 마음만 내려놓을 수 있다면,
자신이 아름답다는 그 사실을 받아들이기만 한다면
당신은 아름다운 사람입니다.

7월 28일

오늘이란 한 페이지가 넘어가면
새로운 아침의 페이지가 시작됩니다.
오늘 못 다한 일이 있더라도
너무 집착할 것도 후회할 것도 없습니다.

6월 4일

남을 슬프게 하면
자신이 더 먼저 슬프게 됩니다.

7월 27일

생각은 씨앗과 같습니다.

그 어떤 생각이든 생각하는 대로 거두게 됩니다.

오늘 어떤 생각으로 하루를 보내시겠습니까?

6월 5일

비난할 것도, 가져야 할 것도 없는

지금 이 순간

나는 한없이 평화롭습니다.

7월 26일

아무리 복잡하던 생각도
호흡을 파도 위에 태우면
왔다가 사라지고 갔다가 다시 옵니다.
생각은 내가 아니며, 내 것도 아닙니다.

6월 6일

누군가에게 칭찬 듣고, 인정받고,
사랑받고 싶은 마음이 근심을 불러옵니다.
나는 그냥 나일 뿐이니
지금의 모습 그대로 사랑하세요.

7월 25일

이런 일이 왜 내게 왔느냐고
묻기 시작하면
답이 안 나옵니다.
다가온 일을 그저
조용히 음미하고 받아들이세요.

6월 7일

불성은 멀고, 크고, 위대한 것에만 있지 않습니다.

아주 작은 배려에도 우리의 불성은

한 송이 키 작은 패랭이꽃처럼

환하게 빛납니다.

7월 24일

살아 있다 생각하지만
우리는 사실 매 순간 죽고 있습니다.
이 진리야말로 우리의 정신을
항상 깨어 있게 합니다.

6월 8일

우리의 삶에는
저마다의 속도가 있을 뿐
좋거나 나쁜 것은 없습니다.

7월 23일

나를 아름답게 하고
나를 추하게 하는 것은
바로 지금 내가 일으키고 행하는
생각과 행위입니다.

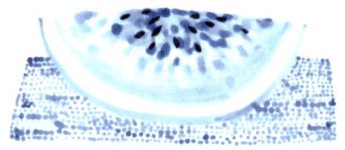

6월 9일

모든 갈등과 문제는
'나'라는 한 생각에서 생겨납니다.
나와 너를 분리하는 마음이 없으면
갈등 또한 따라서 사라집니다.

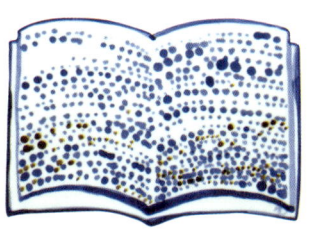

7월 22일

화를 내면 맨 먼저 '탓하는' 손님이 찾아오고
'탓하는' 손님은 '왜?'라는 친구를
함께 데리고 옵니다.

6월 10일

그대는 어떤 상황에서도
누군가를 미워하는 그 마음을 넘어설 수 있는
더 커다란 존재임을 기억하세요.

7월 21일

전화기 끄듯이
가끔은 생각의 코드를 뽑아버리세요.
생각을 멈추고 손이나 발,
앉아 있는 내 몸을 머릿속에 떠올리며
몸의 현존에 집중하면
마음의 그릇된 분별은 사라지고
기쁨이 찾아옵니다.

6월 11일

듣기 싫은 충고, 하기 싫은 일,
만나기 싫은 사람, 갈등하고 부딪치는 관계,
고통스러운 현실,
우리가 회피하고 도망치고 싶어 하는
바로 거기에 인생 공부의
답이 들어 있습니다.

7월 20일

세간에서는
'너의 불행은 나의 행복'이라고 생각하지만,
모든 게 서로 연결되어 있다고 보는
불교의 연기법에서는
'너의 행복이 나의 행복'이라고 말합니다.

6월 12일

하루 중 깨어 있는 시간이 얼마나 되나요?
집착에 빠져 있거나, 욕심에 빠져 있거나,
미움과 분노, 망상에 빠져 있다면
잠자고 있는 것이나 마찬가지입니다.

7월 19일

삶이 내게 주지 않은 것을 불평하기보다
삶이 내게 준 것을 소중히 여기는 사람이
지혜로운 사람입니다.

6월 13일

인간관계는
누구를 만나는지보다
어떤 관점에서 그 사람을 바라보는지가
더 중요합니다.

7월 18일

내뱉는 말은 좋게 하되
진심을 담아야 합니다.

6월 14일

내가 하늘을 흐리게 보려는 의도가 없으면
하늘이 흐릴 때조차
흐리다고 탓하지 않습니다.

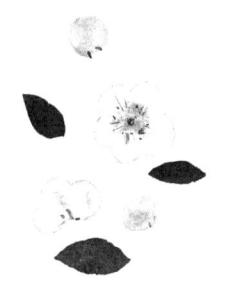

7월 17일

대접받는다고 우쭐할 것도,

무시당한다고 의기소침할 것도 없습니다.

이는 모두 풍진 사바세계에서 펼쳐지는

한 편의 연극일 뿐이니까요.

6월 15일

화를 자주 내면

그 화가 인격으로 자리 잡게 됩니다.

7월 16일

생각 정리를 잘하면
마음에 여백이 생겨서
쓸데없는 트집과 불만, 오해를
없앨 수 있습니다.

6월 16일

행복은 나의 선택과
의지를 통해 얻을 수 있습니다.
사막에 오아시스를 만드는 것은
결국 나 자신입니다.

7월 15일

고통은 고통일 뿐 괴롭고 힘든 것이 아닙니다.
고통을 거부하려는 저항이
우리를 고통스럽게 만듭니다.

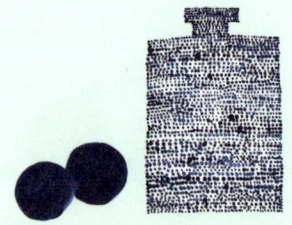

6월 17일

인생은 커다란 학교,
당신은 배움의 과정을 통해
이미 성장하는 중입니다.

7월 14일

음악에
쉼표가 있듯이
삶에도
쉼표가 있어야
지혜가 생겨납니다.

6월 18일

비우고 또 비우면 안 비워질 리 없건만
비우려 노력하면 더 달라붙어서 안 떨어지니
비워야겠다는 생각도 붙잡지 말고
무심히 지금의 일에 집중해보세요.

7월 13일

좋은 소식은 금방 잊히는데
나쁜 상황이 오래도록 각인되는 이유는
같은 일이 반복될 것을
앞당겨 두려워하기 때문입니다.

6월 19일

기대거나 의지하려 하지 말고

홀로 우뚝 서세요.

그때 비로소 어른으로 성장합니다.

7월 12일

멀리서 보면 큰 강은 흐르지 않는 듯 보입니다.
그러나 가까이 다가가 보면
유유히 강물은 바다를 향해 흘러가고 있지요.
고통도 그와 마찬가지라 머물러 있는 듯하나
천천히 지나가고 있습니다.

6월 20일

외로움 때문에 늘 새로운 인간관계를 원하지만

근본적으로 나 아닌 다른 이가

나를 외롭지 않게 해줄 수는 없습니다.

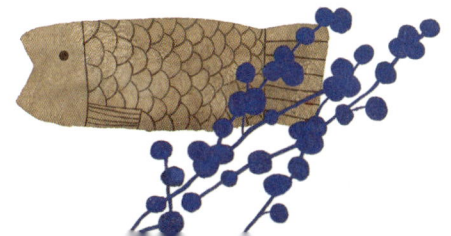

7월 11일

“바빠서 죽겠다”가 아니라
“바빠서 행복하다”고 말을 바꿔보세요.
나를 필요로 하는 곳이 많다는 건
내가 세상에 필요한 사람이라는 의미입니다.

6월 21일

사람들은 마음속에
그릇을 하나씩 가지고 있습니다.
그릇이 큰 사람의 마음엔
큰 세상이 담기고
그릇이 작은 사람의 마음엔
작은 세상이 담깁니다.

7월 10일

혹시 남의 평가에 좌우되거나
남을 평가하느라 바쁘신가요?
오늘 하루는 나무 곁에 세워놓은 삽처럼
묵묵히 보내보세요.

6월 22일

집이 간결해야 여행이 즐겁듯
인생을 여행 온 듯 가볍게 살면
그리 많은 것이 필요치 않습니다.

7월 9일

모든 일이 술술 잘 풀려나가는 것도 좋지만
내면의 힘을 기르는 데는
역경이 더 큰 가르침이 됩니다.

6월 23일

누군가를 이해하는 것은
새로운 우주를 마주하는 일입니다.

7월 8일

지레짐작하기, 상대의 마음 분석하기,
이심전심이라고 생각하기, 모든 것을 탓하기,
매사에 다른 이와 비교하기,
일어나지도 않은 일을 부정적으로 추측하기,
완벽하지 않으면 못 견디기.
행복한 삶을 방해하는 일곱 가지를 기억하세요.

6월 24일

치유는 과거를 흔적 없이 잊거나
고통을 완전히 삭제해버리는 것이 아니라
과거는 과거대로, 고통은 고통대로
함께 사는 법을 익히는 것입니다.

7월 7일

어둠은
한 줄기 빛만으로도 환해집니다.

6월 25일

어떤 것도 나의 인생을 바꿀 수 없습니다.
오직 나만이 바꿀 수 있습니다.

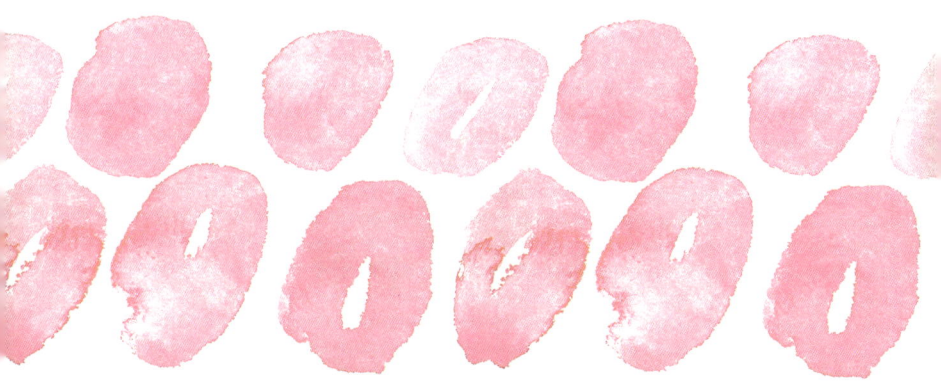

7월 6일

내가 하는 생각이 내일을 만들고,
다음 주, 다음 달, 내년을 만듭니다.
긍정적인 사람에게는 긍정적인 현실이,
부정적인 사람에게는 부정적인 현실이 펼쳐집니다.

6월 26일

누군가를 미워하는 마음은
상대보다도 나를 더 힘들게 만듭니다.
그런 나를 위해
용서하는 용기를 내어보는 건 어떨까요?

7월 5일

세상을 원망하기 전에
나 자신의 본성을 이해하려고 노력하면
'세상이 잘못된 게 아니라
내가 바라보는 마음이 잘못되었구나'
하고 깨닫게 됩니다.

6월 27일

어려움에 처했다면
자신이 내뱉은 말을 점검해보세요.
"나는 이런 사람이야."
"나는 원래 그래."
평소 나는 나에 대해서 어떤 사람이라고 말하는가요?
지금 당신이 처한 어려움은
당신이 뱉은 말과 관련이 있습니다.

7월 4일

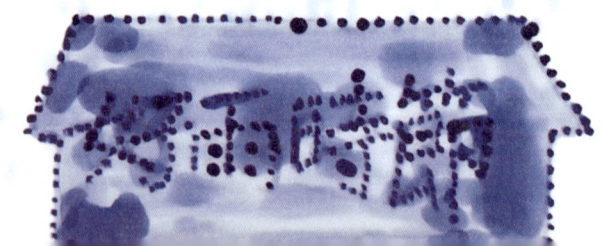

오늘 만나는
모든 일이나 인연으로부터 자유롭기를.
맺히지 않고 머물지 않고 가볍기를.

6월 28일

부정적인 생각과 감정이 소용돌이칠 때는
우선 한 걸음 물러나 급한 감정의
불길부터 끄는 게 중요합니다.
그 후에 차분히 다시 문제를 바라보아도 늦지 않습니다.

7월 3일

하루 단 10분,
가만히 앉아 주변에서 들려오는 소리에
귀 기울여보세요.
있는 그대로의 세상에 귀를 기울이면
지혜의 소리가 들립니다.

6월 29일

걱정과 번민은 단지 상상이 만들어놓은
허깨비 같은 것입니다.
당연하다는 그 확신을
오히려 꿈이라고 생각해보세요.

7월 2일

초대하지 않아도 마구 일어나는
부정적인 생각을 너그럽고 친절하게 대해보세요.
철부지 아이 달래듯 어르면서
그 생각들에게 긍정적으로 살아가는
더 나은 방법을 알려주세요.

6월 30일

다른 이를 비난하려면
비난하는 나는
완벽한 사람이어야 합니다.
그러나 비난하는 사람이나 비난받는 사람이나
시시각각 변화하고 있으니
누가 비난받을 사람이며
누가 비난할 사람이겠습니까?

7월 1일

깨달음이란 구하는 것이 아니라
기억해내는 것입니다.
내 안에 이미 빛나는 불성이 있음을.

이제 일력을 반대쪽으로 돌려 사용해주세요.

7월

정목스님의 아침 편지 365일력

ISBN 979-11-7332-375-1 00810
값 25,000원